RATUS POCHE

COLLECTION DIRIGÉE PAR JEANINE ET JEAN GUION

En plus de l'histoire :
– des mots expliqués pour t'aider à lire,
– des dessins avec des questions
pour tester ta lecture.

● ● ● ● ● ● ● ● ● ● ● ● ● ● ● ●

© Hatier Paris 1991, ISSN 1259 4652, ISBN 2-218 05581-3

Toute représentation, traduction, adaptation ou reproduction, même partielle, par tous procédés, en tous pays, faite sans autorisation préalable est illicite et exposerait le contrevenant à des poursuites judiciaires. Ref. : loi du 11 mars 1957, alinéas 2 et 3 de l'article 41. Une représentation ou reproduction sans l'autorisation de l'éditeur ou du Centre français d'exploitation du droit de copie
(3, rue Hautefeuille, 75006 Paris) constituerait une contrefaçon sanctionnée par les articles 425 et suivants du Code pénal.

Les champignons de Ratus

Une histoire de Jeanine et Jean Guion
illustrée par Olivier Vogel

Belo, Marou et Mina sont
dans la forêt.
Ils cherchent des champignons,
mais ils n'en voient pas.
Au détour d'un chemin,
ils rencontrent Ratus.
– As-tu trouvé des champignons ?
demande Belo.
– J'en ai trouvé de très jolis !
répond Ratus.

Où sont les champignons de Ratus ?

Le rat vert montre son panier
aux chats :
– Regardez mes beaux champignons
rouges avec des petits points blancs.
– Mais ils sont vénéneux ! dit Belo.
Si tu les manges, tu seras très malade.
Tu peux même en mourir.
– Taratata ! dit le rat vert.
Moi, je mange tous mes champignons.
Je ne les donne pas aux chats.

Le rat vert a-t-il mangé les champignons vénéneux ?

 oui 　　 **7** non

La nuit, qu'est-il arrivé à Ratus ?

Ratus est rentré chez lui.
Il s'est préparé une omelette
aux champignons et au fromage.
– C'est très bon ! se dit le rat vert.
Ensuite, il va se coucher.
Dans la nuit, il a mal au ventre.
Il transpire. Il se lève
et se cogne contre les meubles.
Il crie et fait beaucoup de bruit.

Marou a entendu le rat vert :
– Ce gros malin de Ratus a dû manger
ses champignons vénéneux !
– Il faut vite que je téléphone
à un médecin, dit Belo.
Dix minutes plus tard,
une ambulance arrive
et emporte le rat vert à l'hôpital.

Quelle bulle correspond à ce que dit Ratus dans l'histoire ?

Quelques jours après,
Ratus est de retour. Il est guéri.
Assis sur son mur, il dit aux chats :
– Je n'aime plus
les champignons rouges !
Mais dans la forêt, j'avais aussi
ramassé des châtaignes.
Je vais les faire cuire.
– Tu pourrais nous inviter,
propose Mina.
– D'accord ! A tout à l'heure,
dit Ratus.

A l'heure du goûter, les trois chats arrivent chez leur voisin.
– On dirait que Ratus tire des coups de fusil dans sa cuisine ! dit Marou en entrant.
– On a mis des pétards dans mes châtaignes, grogne Ratus.
– Mais non ! dit Belo. Tu as oublié de fendre tes châtaignes avant de les mettre au four. Alors, elles éclatent.
– On va tout de même bien se régaler, dit Mina.

Où est le panier de Victor ?

Les chats s'installent
autour de la table.
– Mais tes châtaignes sont pleines
de vers ! dit Marou.
– Ce n'est pas grave, dit Ratus.
On va les garder pour Victor.
Lui, il mange n'importe quoi…
A ce moment-là, on entend frapper
à la porte. C'est Victor !
Il cherche Belo. Il entre,
un panier à la main.
– J'ai ramassé des champignons
et j'ai apporté des œufs
pour faire une omelette.

Qui va préparer l'omelette ?

Ratus vérifie qu'il n'y a pas
de champignons rouges dans le panier.
– Je vais faire cuire l'omelette !
dit le rat vert.
Je vais même en préparer deux :
une pour nous quatre
et une pour Victor
parce qu'il mange beaucoup.

A cette idée, le gros chien
se lèche les babines.
Et Ratus prépare ses deux omelettes...

Où Ratus a-t-il mis les châtaignes pleines de vers ?

Le repas est maintenant terminé.
Tout le monde s'est régalé.
Victor a dévoré sa grosse omelette.
– Elle était bonne ! dit-il
en léchant son assiette.
Mais elle avait un petit goût
de châtaigne et de je ne sais quoi…
Belo fronce les sourcils :
– Ratus, où sont tes châtaignes
pleines de vers ?
– Elles sont tombées
dans l'omelette de Victor,
dit le rat vert en ricanant.

Où va se cacher Ratus ?

Le gros chien est rouge de colère. Ratus
se sauve dans son jardin. Il chante :
– Les poules mangent des vers…
Et Victor aussi !
Victor est furieux. Il hurle
qu'il n'est pas une poule.
Il essaie d'attraper Ratus
qui se cache derrière son cactus.
– Il y a un gâteau aux marrons !
annonce Belo pour calmer Victor
qui se pique au cactus. Qui en veut ?
– Moi ! Moi ! répond aussitôt Victor,
en revenant se mettre à table.
– Pas moi, dit Ratus. Je ne veux plus
manger de marrons !

POUR T'AIDER À LIRE

1
ils **cherchent**
(on prononce : *chèr-che*)

un **champignon**

2
un **panier**

3
regardez
(on prononce : *re-gar-dé*)

4
vénéneux
Si on mange des champignons **vénéneux**, on est très malade. On peut en mourir.

5
chez
(on prononce : *ché*)

6
une **omelette**
(on prononce : *o-me-lè-te*)
Ce sont des œufs battus que l'on fait cuire. On peut les mélanger avec du jambon ou des champignons.

POUR T'AIDER A LIRE

7

un **médecin**
(on prononce :
mé-de-sin)

8

une **ambulance**
(on prononce :
an-bu-lan-se)

9

l'**hôpital**
(on prononce : *o-pi-tal*)

10

quelques
(on prononce : *kèl-ke*)

11

une **châtaigne**

12

le **goûter**
(on prononce : *gou-té*)

POUR T'AIDER À LIRE

13

fendre une châtaigne

14

un **ver**, des **vers**
(on prononce : *vèr*)
Il y a des asticots dans les châtaignes de Ratus.

15

des **œufs**
(on prononce : *z.eu*)
Un œuf, des œufs.

16

les **babines**
Ce sont les lèvres du chien.

17

il fronce les **sourcils**
(on prononce : *sour-si*)
On **fronce les sourcils** quand on n'est pas content.

18

en **ricanant**
Il rit en se moquant.

19

les **marrons**
On dit souvent **marrons** à la place de châtaignes.

1 Le robot de Ratus
Une histoire de Jeanine & Jean Guion,
illustrée par Olivier Vogel.

Ratus a acheté un robot
pour faire peur à ses voisins
les chats. Mais le robot
tombe en panne...

2 Tico fait du vélo
Une histoire de Jeanine & Jean Guion,
illustrée par Pierre Cornuel.

Tico a un joli vélo.
Il promène son ami Plumet.
Mais le vélo va vite,
beaucoup trop vite...

3 Les champignons de Ratus
Une histoire de Jeanine & Jean Guion,
illustrée par Olivier Vogel.

Dans la forêt, Ratus
ramasse des champignons.
Il ne sait pas qu'ils sont
vénéneux !

4 Tico aime les flaques d'eau
Une histoire de Jeanine & Jean Guion,
illustrée par Pierre Cornuel.

C'est amusant de sauter
dans les flaques d'eau !
Mais quand on est
un robot...

5 Sino et Fanfan au cinéma
Une histoire de Charles Milou,
illustrée par Jean-Loup Benoît.

Devant nos amis,
il y a une chèvre avec
de grandes cornes.
Pas facile de voir l'écran !

6 Ratus raconte ses vacances
Une histoire de Jeanine & Jean Guion,
illustrée par Olivier Vogel.

En vacances à Saint Tropez,
Ratus est capturé par
des pirates. Il raconte
sa terrible aventure...

7 Le cadeau de Mamie Ratus
Une histoire de Jeanine & Jean Guion,
illustrée par Olivier Vogel.

On vole les fromages
de Ratus ! Pour l'aider,
sa grand-mère va lui faire
un drôle de cadeau...

6-7 ans — Les autres titres de la collection

8 Ratus et la télévision
Une histoire de Jeanine & Jean Guion, illustrée par Olivier Vogel.

Ratus a acheté une télé pour la regarder toute la journée. Mais ce qu'il voit le rend furieux...

9 Le trésor du tilleul
Une histoire de Giorda, illustrée par Anne Teuf.

Mais pourquoi couper le vieux tilleul du village ? Mistouflette et ses amis vont découvrir un curieux trésor...

10 Ralette au feu d'artifice
Une histoire de Jeanine & Jean Guion, illustrée par Luiz Carlos Catani.

Une sorcière s'est penchée sur le berceau de Ralette. Elle a annoncé qu'un jour, Ralette serait reine...

11 Ralette fait des crêpes
Une histoire de Jeanine & Jean Guion, illustrée par Luiz Carlos Catani.

Ralette et ses amis font des crêpes. Mais quand on fait sauter une crêpe, on ne sait pas où elle va retomber !

12 Le bonhomme qui souffle le vent
Une histoire de Ghislaine Laramée, illustrée par Michel Backès.

Quand le bonhomme a fait de mauvais rêves, gare à ceux qui se trouvent sur son chemin !

13 Ralette fait du camping
Une histoire de Jeanine & Jean Guion, illustrée par Luiz Carlos Catani.

Ralette a planté sa tente tout près d'un torrent. Il va lui arriver bien des aventures !

14 L'âne Badaboum se venge
Une histoire de Ghislaine Laramée, illustrée par Jean-Marie Renard.

La vie est dure quand on est un âne maltraité par son maître ! Mais voilà qu'un beau jour...

15 Ratus se déguise
Une histoire de Jeanine & Jean Guion, illustrée par Olivier Vogel.

Le prince charmant Ratus sauvera-t-il la princesse Mina des griffes de l'ogre Victor ?

BONNES RÉPONSES

3 - 6 - 9 - 13 - 16 - 18 - 23 - 27 - 29 - 35

Tu es un super-lecteur si tu as trouvé ces 10 bonnes réponses !

Maquette Agence Média
Couverture Jean-Yves Grall

Imprimé en France par Pollina, 85400 Luçon - n° 67219 - D
Dépôt légal n° 09593 - mars 1995